Descubriendo Dinosaurios

Velociraptor

Aaron Carr

www.av2books.com

CÓDIGO DEL LIBRO
BOOK CODE

U 6 0 1 2 4 7

El enriquecido libro electrónico AV² te ofrece una experiencia bilingüe completa entre el inglés y el español para aprender el vocabulario de los dos idiomas.

This AV² media enhanced book gives you a fully bilingual experience between English and Spanish to learn the vocabulary of both languages.

Spanish

English

Navegación bilingüe AV²
AV² Bilingual Navigation

CHANGE LANGUAGE
ENGLISH SPANISH

OPCIÓN DE IDIOMA
LANGUAGE TOGGLE

CAMBIAR LA PÁGINA
PAGE TURNING

CERRAR
CLOSE

INICIO
HOME

VISTA PRELIMINAR
PAGE PREVIEW

Velociraptor

En este libro aprenderás

el significado de su nombre

su apariencia

dónde vivía

qué comía

¡Y mucho más!

Conoce al velociraptor.
Su nombre significa
"ladrón veloz".

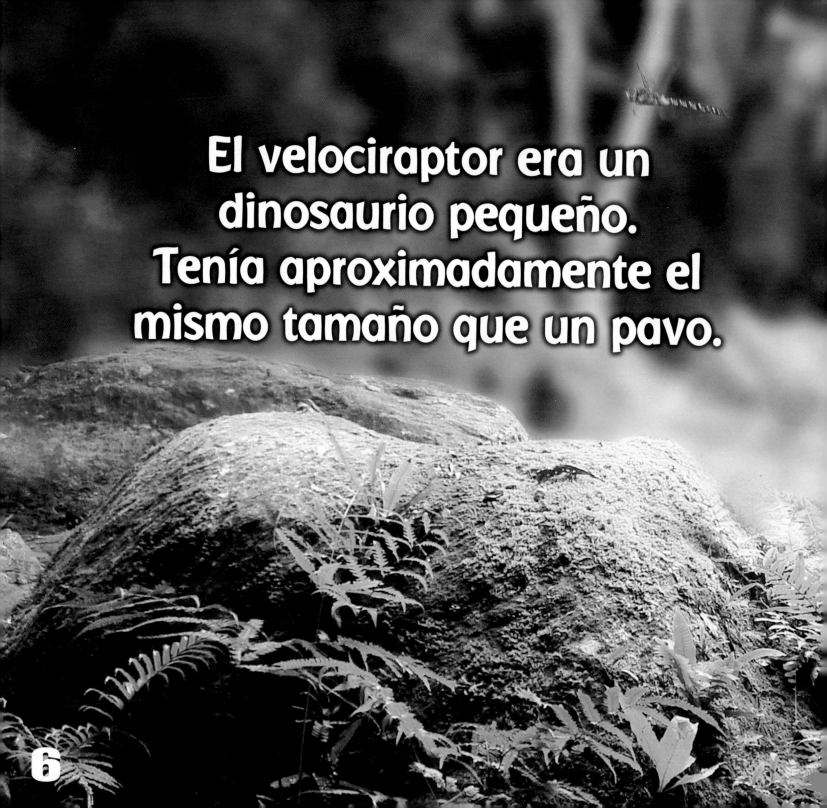

El velociraptor era un
dinosaurio pequeño.
Tenía aproximadamente el
mismo tamaño que un pavo.

El velociraptor tenía una garra larga y filosa en cada pata.

Usaba estas garras para atrapar a sus presas.

El velociraptor era carnívoro.
Cazaba a dinosaurio
pequeño herbívoros
para alimentarse.

El velociraptor fue uno de los dinosaurios más inteligentes que jamás haya vivido.

Es posible que cazara junto a otros velociraptors.

El velociraptor corre sobre dos patas fuertes.

Es posible que corriera a
más de 40 millas por hora.

El velociraptor vivía en lugares cálidos y secos.

Vivía en partes de Asia.

Los velociraptors se extinguieron hace aproximadamente 80 millones de años.

Las personas
conocen a los
velociraptor
por los fósiles.

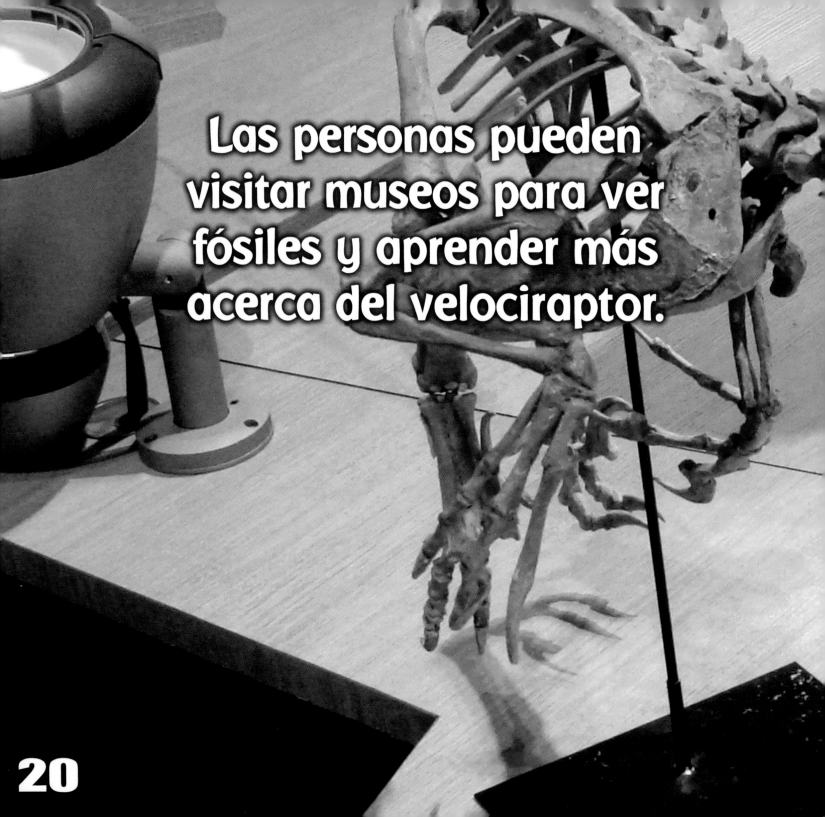

Las personas pueden visitar museos para ver fósiles y aprender más acerca del velociraptor.

Datos del velociraptor

Estas páginas proveen información detallada que amplía los datos interesantes encontrados en este libro. Están destinadas a ser utilizadas por adultos como apoyo de aprendizaje para ayudar a los pequeños lectores con sus conocimientos de cada dinosaurio o pterosaurio maravilloso presentado en la serie *Descubriendo dinosaurios*.

Páginas 4–5

La palabra velociraptor significa "ladrón veloz". El velociraptor es uno de los dinosaurios más conocidos. Sin embargo, el velociraptor real era muy diferente al que las personas conocen por películas como *Jurassic Park*. A diferencia de los grandes velociraptors con escamas que se ven en las películas, los reales eran mucho más pequeños y tenían plumas. Algunos científicos creen que el velociraptor podría haber estado completamente cubierto de plumas, como un ave.

Páginas 6–7

El velociraptor era un dinosaurio pequeño. El velociraptor medía aproximadamente 6 pies (1,8 metros) de largo y 3 pies (1 m) de alto. Podría haber pesado entre 15 y 33 libras (7 y 15 kilogramos). Algunos parientes del velociraptor eran más grandes que otros. El deinonico era el más grande de estos dinosaurios, con un largo de 12 pies (3,7 m) y un peso de 150 libras (68 kg). La mayoría de los velociraptors, sin embargo, eran del tamaño de un pavo.

Páginas 8–9

El velociraptor tenía una garra larga y filosa en cada pata. Cada garra con forma de hoz medía 3,5 pulgadas (9 centímetros) de largo. Contaban con una garra retráctil que estaba ubicada en el segundo dedo de cada pata. El velociraptor usaba estas garras para cazar a sus presas y para defenderse de predadores. Los científicos creen que es posible que el velociraptor usaba su cola y una pata para mantener el equilibrio mientras cortaba a su presa con la otra pata.

Páginas 10–11

El velociraptor era carnívoro, comía carne. Los científicos creen que el velociraptor se alimentaba de dinosaurios pequeños herbívoros, como protoceratops y hadrosaurios. Muchos científicos piensan que los velociraptors cazaban en manadas para atrapar presas de mayor tamaño. Sin embargo, no hay evidencia directa que apoye esta teoría. Algunos científicos han sugerido que es posible que el velociraptor haya sido carroñero.

El velociraptor fue uno de los dinosaurios más inteligentes que haya vivido. El velociraptor fue parte de la familia de dinosaurios dromaeosaurus. Estos dinosaurios tenían grandes cerebros comparados a los de otros dinosaurios. Los científicos estiman la inteligencia de los dinosaurios comparando el tamaño del cerebro con el tamaño general de su cuerpo. Considerando esta medida, dromaesaurus como el velociraptor eran los segundos dinosaurios más inteligentes luego de los troodon.

Es posible que el velociraptor fuera capaz de correr a más de 40 millas (60 kilómetros) por hora. El velociraptor era un dinosaurio bípedo, tenía dos patas. Sus patas eran largas y delgadas. Esto, combinado con el peso liviano del velociraptor, lo convirtieron en uno de los dinosaurios más veloces. Los científicos también creen que el velociraptor podía saltar, lo que lo debe haber ayudado a atrapar alimentos.

El velociraptor vivía en áreas cálidas y secas. El velociraptor era nativo de Asia, la mayoría de las especies se encontraban en lo que ahora es el área del Desierto de Gobi en Mongolia. En la época del velociraptor, esta parte del mundo tenía un clima desértico. El clima era muy similar al actual de esa área, pero más cálido. El velociraptor compartía su hábitat con otros dinosaurios y diversos tipos de lagartos.

El velociraptor vivió aproximadamente hace 80 millones de años durante el período Cretácico. Las personas conocen al velociraptor por los fósiles. Los fósiles se forman cuando un animal muere y se cubre rápidamente con arena, barro o agua. Esto evita que las partes duras del cuerpo, como los huesos, dientes y garras, se descompongan. El cuerpo queda prensado entre capas de barro y arena. Luego de millones de años, las capas se convierten en rocas, y los huesos y dientes de los dinosaurios también lo hacen. Esto conserva el tamaño y la forma de los dinosaurios.

Las personas pueden ir a museos para ver fósiles y aprender más acerca del velociraptor. Cada año, personas de todo el mundo visitan museos para ver los fósiles del velociraptor. Muchos museos cuentan con exhibiciones permanentes de fósiles de dinosaurios, mientras que los museos más pequeños suelen presentar muestras itinerantes por cortos períodos de tiempo. El museo American Museum of Natural History en la ciudad de Nueva York cuenta con una exhibición permanente de dinosaurios que contiene fósiles de velociraptor, incluyendo un fósil que muestra a un velociraptor y a un protoceratops juntos.

¡Visita www.av2books.com para disfrutar de tu libro interactivo de inglés y español!

Check out www.av2books.com for your interactive English and Spanish ebook!

1 **Entra en www.av2books.com**
Go to www.av2books.com

2 **Ingresa tu código**
Enter book code

U 6 0 1 2 4 7

3 **¡Alimenta tu imaginación en línea!**
Fuel your imagination online!

www.av2books.com

Published by AV² by Weigl
350 5th Avenue, 59th Floor New York, NY 10118
Website: www.av2books.com   www.weigl.com

Library of Congress Control Number: 2014932957

ISBN 978-1-4896-2075-0 (hardcover)
ISBN 978-1-4896-2076-7 (single-user eBook)
ISBN 978-1-4896-2077-4 (multi-user eBook)

Printed in the United States of America in North Mankato, Minnesota
1 2 3 4 5 6 7 8 9 0   18 17 16 15 14

032014
WEP280314

Project Coordinator: Jared Siemens
Spanish Editor: Translation Cloud LLC
Art Director: Terry Paulhus